김 영 호 시인

한국외국어대학 영어과 졸업

미국 일리노이주립대학(어바나-샴페인) 졸업(비교문학 석.박사)

현대시학으로 시인 등단(1991)

미국 하와이주립대학 초빙교수.

미국 워싱톤주립대학 교환교수.

숭실대학교 영어영문학과 교수.

시집: 『당신의 초상』, 『무심천의 미루나무』, 『잎사귀가 큰 사람』

저서: 『한용운과 휘트먼의 문학사상』, 『문학과 종교의 만남』 외

번역 : 『문둥이 성자 다미안』, 『영미 기독교시 개관』 외

현재 숭실대학교 명예교수.

순복(順僕)

김영호 기독교신앙시집

숭실대학교 출판부

시인의 말

"사랑하는 자들아 우리가 서로 사랑하자 사랑은 하나님께 속한 것이니" (요한1서 4장 7절)

1985년 하나님은 독수리 등에 나를 업어 당신이 그 안에 계신 숭실 캠퍼스로 인도하시어 25년 동안 염광의 일꾼으로 쓰시고 어미독수리처럼 지켜주셨다. 당신은 나를 시켜 사랑과 봉사의 진리를 영미시문학 작품을 통하여 학생들에게 가르치시도록 역사하셨고 연구와 창작으로 당신의 뜻에 순복(順服)하도록 복주셨다. 나는 학생들 한사람 한사람을 예수님의 마음으로 섬기려 노력하였고 예수님의 진리가 사랑이듯이 나의 교육이념도 사랑으로 중심화하여 일심으로 문화선교에 헌신하려 했다. 이제 정년이 되어 사랑하는 숭실 캠퍼스와 학생들에게서 떠나면서 과연 하나님의 충복으로서 주인께 기쁨을 드릴 수 있는 열매를 수확했는지 의문이다. 다만 그동안 받은 하나님 은혜에 감읍하여 쓴 찬양의 시들을 모아 주님께 헌정하고자 한다.

이 나의 첫 신앙시집을 간행하는데 도와주신 하나님, 박찬욱 목사님, 이명심 권사님, 김대근 총장님, 김영한 교수님, 영어영문과 교수님들과 학생들, 장창훈 출판부장님, 임경란 계장님, 그리고 김경완 박사님에게 깊은 감사를 드린다.

2010년 가을의 문턱에서

김 영 호 씀

차 례

차 례

새해 새아침

새해 새아침
땅위의 만물이 님의 형상 태양에 경배를 드리네.
나무들 팔을 들어 올려 님의 얼굴 태양에게 찬송을 하네.
저 높은 하늘보좌의 왕, 황금빛 미소로 만유를 품어주시며
이 한해도 만복을 약속하시네.

땅밑에서 동면하는 꽃씨들, 개구리들, 온갖 미물들이 찬양소리로
천궁에 순례를 하네.
강물속 바다속의 물고기들도 찬미의 노래로 순례를 하네.

나의 몸속 미루나무 잎사귀가 울음을 그치고
나의 뼈속 잠들었던 파랑새가 하늘로 날아 오르네.

내 핏줄속을 지나가던 찬바람도 발걸음을 멈추네.

창조의 왕

우주 만물의 왕께 영광
하나님 창조의 왕께 영광
아침의 풀잎들이 햇빛으로 오시는 성부님을 축송하네.
한낮의 돌들이 흰 구름으로 오시는 성자님을 찬양하네.
한 밤의 풀벌레들 달빛으로 오시는 성령님을 찬송하네.

들꽃, 산꽃, 물꽃들이 나의 가슴안으로 들어와
잠자는 어린아이를 깨워
별빛으로 오시는 님에게 함께 찬미를 드리네.

나의 어린아이

깊은 밤 기도중에 아버지, 아버지 부르니
내 가슴속에 어느새 오시어 상처를 만지시네.

찬 겨울 강물 맨발로 건널 때
손을 잡아 주시던 유년시절의 아버지,

삭풍에 흔들리며 갈 길을 잃었을 때
태양품으로 안아주시던 청년시절의 아버지,

천길 벼랑 끝에 매달려
돌풍의 노예가 되어 몸서리치던 중년시절
바다가슴으로 품어주시던 아버지,

아버지, 아버지, 하나님 아버지,
홀어머니와 나의 어린아이가 부르던 아버지,
오늘도 당신의 따듯한 가슴 그리워
온 세상을 눈물바다로 만드네.
달빛같은 당신의 사랑 감읍해
온 세상을 눈물바다로 만드네.

영혼의 번제

어둔밤 지나고 밝은 해 비치니
갈대풀 무릎을 꿇고 하늘에 예배를 드리네.

찬바람 지나고 훈풍이 오니
갈매기들 날개를 펴고 하늘에 경배를 드리네.

땡볕이 지나고 달빛 비치니
개구리들 목소리 높여 하늘에 합창을 하네.

소나기 지나고 무지개 꽃피니
내 몸안의 어린 나무 하늘에 영혼의 번제를 드리네.

삼월, 복사꽃피

바이오렛꽃잎이 나의 심장속으로 들어와
가난한 아이의 울음소리를 기도로 바꾸네.
꽃사과꽃잎이 나의 핏줄속으로 들어와
한 청년의 번뇌를 찬송으로 바꾸네.
개나리꽃잎이 나의 뼈속으로 들어와
한 사람의 고뇌를 회개로 바꾸어주네.
애기똥풀꽃잎이 나의 뇌속으로 들어와
한 영혼의 고독을 은혜로 바꾸어주네.
구름을 헤치고 내려오시는 성경 아침햇빛이
나의 혈관속 검은 강물을 복사꽃피로 바꾸어 주시네.

사월, 새꽃옷 아이

벚나무 새꽃옷을 입고 백의 천사가 되어
주님의 은혜에 찬양을 하네.
살구나무들 새꽃옷을 입고 천사누나가 되어
구주의 영광 찬양을 하네.
복숭아나무들 새꽃옷을 입고
예수신랑 기다리네.
나의 영혼 새꽃옷입고 아이되어
아버지 흰구름품속에 안기어 우네.

오월, 고뇌의 무지개꽃 춤

아카시아꽃 만개하여 님을 향해 춤을 추네.
라일락꽃 만개하여 님을 향해 춤을 추네.
찔레꽃들 활개하여 하늘 향해 춤을 추네.
갑자기 소나기 내리고
뇌성과 광풍이 구름을 폭파하니
슬픔과 고통속에 울던 나의 영육
무지개꽃으로 피어 춤을 추네.
고뇌와 번민의 나의 영혼
무지개꽃춤 추네.

유월, 제비와 함께 춤을

클로버풀잎이 꽃바구니를 들고 하늘로 뛰어가네.
씀바귀풀들이 꽃바구니를 들고 구름속으로 뛰어가네.
부추잎들이 가슴에 꽃을 달고 하늘을 주라 부르네.
매화나무들 열매를 달고 햇빛속으로 달려가네.
나의 가슴속 까맣게 탄 잎새하나
꽃깃의 제비등에 실려 하늘오르네.
제비와 함께 감사의 춤을 추네.

칠월, 푸른 열매시 한편

자두나무가 붉게 익은 저의 몸을 하늘에 헌물로 드리네.
살구나무가 잘 익은 노란 저의 생을 하늘에 제물로 바치네.
애기사과나무 발갛게 익은 저의 혼을 하늘에 선물로 드리네.
복숭아나무들 저의 어린아이를 하늘에 번제 드리네.

나도 내 몸속의 푸른 열매, 시 한편을 하늘에 헌납하네.

팔월, 클로버꽃 씨앗만큼

사과나무에 사과열매속에서 님의 얼굴이 파랗게 살이 오르네.
배나무에 배열매속에서 님의 심장이 노랗게 살이 익어가네.
밤나무에 밤열매속에서 님의 성령이 흙빛으로 굵어지네.
호두나무에 호두열매속에서 님의 거룩함이 견고하게 익어가네.

나의 몸속에서도 기도의 열매가 클로버꽃 씨앗만큼 영글고있네.

구월, 영혼의 입술

시냇물속 물고기들 만입을 열어 비의 주인께 감사찬송 드리네.
초원의 풀잎들 만입을 모아 햇빛의 주인께 감사찬양하네.
산속의 나무들 만입을 열어 바람의 왕에게 건강주심에 감사드리네.
논밭의 오곡들 만입을 모아 인내의 힘 주심에 감사드리네.

내 가슴속에 기도하는 영혼 입술을 열어 평화의 주인께 감사드리네.

시월, 국화꽃 피

저 높은 보좌의 님 국화꽃을 시켜 슬픈 영혼들을 보라색으로
물을 들이시네.
갈대꽃들을 시켜 아픈 사람들의 신음을 은빛으로 물을 들이시네.
밤나무들로 하여 고독한 사람들의 묵도를 갈색으로 칠하게 하시네.
대추나무들로 하여 상한 영혼의 상처를 붉게 물을 들여 익게하시네.
나의 마른 피가 국화꽃속으로 들어가 그 씨앗으로 크게 하시네.
그 씨앗으로 하여 슬픈 사람의 피를 국화꽃피게 하시네.

십일월, 노동과 휴식의 복

만물이 님에게 노동과 휴식을 주심에 경배찬양드리네.
만유가 님앞에 땀과 열매를 주심에 감사찬송하네.
낙엽들이 대지의 시린 발을 덥어주며
찬 바람이 뿌리들의 기도소리를 하늘로 운반하네.
곡물들이 창고에 들어가 누워 코를 고네.

따스한 호흡으로 님이 내 뼈속의 찬 피를 덥혀주시네.
그 피가 가난하고 헐벗은 자들의 손을 잡고
외롭고 슬픈 사람들의 가슴을 만져주네.

십이월, 함박 눈물꽃

온갖 나무들 함박눈 면류관쓰고 하늘에 팔을 흔드네.
짐승들 함박눈 면류관쓰고 산등을 올라 함성을 토하네.
흰눈처럼 죄짐벗은 사람들 함박 함박 눈꽃 피네.

죄짐씻긴 나의 몸 함박 함박 눈물꽃 떨구네.
그 눈물꽃 떨어진 곳에서 애기풀씨앗이 노래를 하네.
한알의 씨앗, 성령의 편지이네.

만남

어두운 골짜기 나 헤메일 때 님의 모습은 보이지 않았네.
외로운 걸음으로 나 방황할 때 님의 음성 들리지 않았네.
번뇌로 밤을 새우는 나의 창밖에 님은 노크하지 않았네.

눈물로 기도하는 새벽 님은 종소리를 데리고
나의 혈관속으로 들어 오셨네.

저 산문앞의 미루나무도 눈물로 기도할 때 햇빛을 받았네.

님의 심장 예술품

깊은 산 속 고요히 내려가는 계곡물 소리
나뭇가지마다 푸르게 흐르는 잎새들 노래 소리
도라지꽃, 달래꽃, 머루꽃, 나리꽃들의 합창 소리
님의 영광 빛내는 예술품이네.
그들과 함께 노래하는 나의 영혼도
님의 심장이 빚은 참 예술이네.
찔레꽃, 달맞이꽃, 애기똥풀 꽃잎과 춤추는 내 몸도
님의 심장의 예술품이네.

감읍

단풍나무, 전나무, 포프라나무들 비가 오나 눈이 오나
하늘만 우러러 키가 자라네.
크로바, 미나리아재비, 갈대들 밤이나 낮이나
하늘만 바라보며 마음이 자라네.
기쁘나 슬프나 땅만 내려다보며 걷는 사람들,
그 속에 나도 고개를 숙이고 살아왔네.

오늘도 비가 내리는 삶
나무들따라 하늘을 향해 고개를 드니
구름속에 해가 나의 이마를 만져주시네.

의인이나 죄인이나 님은 똑같은 사랑 베푸시니
나의 영혼 감읍하네.

님의 선물

가난한 나무에게나 부자 나무에게나
님은 햇빛과 비를 주시네.
외로운 자에게나 다복한 자에게나 님은 동일한 별빛을 주시네.
아픈 나무에게나 건강한 나무에게나 님은 다같은 새 노래를 들려주시네.

영혼이 소경인 나
마음이 귀머거리인 나
님의 선물을 보지못하고 듣지 못했네.

뇌성소리에 잠이 깨인 나의 몸과 정신
비 끝에 무지개꽃피네.

밤노래

잠을 이루지못한 밤 님은 기도하게 하사 당신을 만나게 하시네.
몸이 아픈 밤 님은 찬송하게 하사 당신의 음성 듣게 하시네.
적막 외로운 밤 님은 말씀을 묵상케하사 성령님을 영접하게 하시네.
캄캄할수록 별은 더 밝듯
고난중에 님은 더 가깝게 계시네.

환난중에 님은 함께 아파하시네.

꿈속의 님

나를 사랑하사 님은 단잠을 주시고
꿈속 에덴동산으로 인도하시네.

나를 사랑하사 님은 잠을 주지 않으시고
기도중에 나의 상처를 만져주시네.

나를 사랑하사 꿈을 주시고
푸른 바닷가로 인도하시어 파도소리로 이명을 재워주시네.

나를 사랑하사 이명을 주시고
몸속의 어린 귀머거리에게 님은 말씀을 들려주시네.

광야에서

태평양을 건너 이국의 광야
길을 잃은 나그네
그가 비를 맞을 때 님도 비를 맞으셨네.

대서양을 건너 이국의 황야
잠을 이루지 못하는 이방인
그가 눈발을 맞을 때 님도 눈발을 맞으셨네.

그가 비와 눈발조차 감사할 때
님은 햇빛이 되셨네.

산행 1

바위같은 수심 등에 업고 산을 오르니
온유한 님의 음성, 산물소리
내 귓속의 우는 아이 물소리약을 다려 먹이셨네.

바위보다 더 무거운 상한 마음 등에 업고 산 오르니
자비한 님의 눈길, 나뭇잎사이의 햇살
내 가슴속 놀랜 아이 뻐국새 노래로 약을 먹이셨네.

내 안의 아이 기운을 얻어
감사의 눈물 폭포처럼 흘리니
님의 선한 손길, 나뭇잎새가 닦아주셨네.

산행 2

사나운 세상의 돌팔매에 상처를 안고
어두운 산골짜기로 피하여 홀로 오를 때
키가 큰 소나무 한그루 내 손을 잡아 주셨네.
그 나무의 손도 못자국 투성이였네.

사나운 세상의 광풍에 상처를 안고
캄캄한 바닷가로 피하여 외로 걸으니
키가 큰 미루나무 한 그루 내 몸을 품어 주셨네.
그 나무의 가슴에도 피멍 투성이였네.

산행 3

구름같은 고뇌를 어깨위에 메고
산등 올라 무릎꿇으니
님은 먼저 오시어 가시관을 쓰고 땀피기도를 하고 계셨네.
나를 위한 기도였네.

폭풍같은 운명을 등에 메고
산정에 올라 묵도를 하니
님은 먼저 오시어 피묻은 손으로 기도를 하고 있었네.
나를 위한 기도였네.

산행 4

세욕에 지친 몸 이끌고
산 속 수양관 앞마당에 서서 깊은 밤 기도를 하니
님 홀연히 나타나시어
나의 발을 씻어 풀잎뿌리에 접을 붙였네.

속정에 타버린 몸 이끌고
숲속 기도원 앞마당에 무릎꿇고 찬송 부르니
님 홀연히 나타나시어
나의 귀를 씻어 나무뿌리에 접을 붙였네.

산행 5

산에서 기도를 하면
언제나 함께 기도를 하시는 님
내가 흘린 눈물만큼 나의 멍에를 내려주신다.
휘었던 허리가 낙엽송처럼 일어서고
등이 갈대처럼 가벼워질 때
아득히 님은 여명으로 하늘문을 열고 나와
새들의 날개위에 나를 업힌다.

언제나 함께 기도를 하시는 님
내가 흘린 땀만큼 나의 근심을 씻어주신다.

잠의 은혜

창밖의 돌배나무 지난밤 잠을 잘 자고
하늘 향해 새들을 시켜 찬양하네.

정원의 포도나무 지난밤 잠을 잘 자고
하늘 향해 포도알들을 시켜 찬송하네.

밤새 잠을 못이룬 나의 몸과 책
나무와 새들의 노래들으며
눈물을 흘렸네.

님은 사랑할만한 자에게만 단잠을 주심을 깨달으며.

아침 잠

지난밤 폭우소리에 잠을 못 이룬 전나무, 향나무, 소나무들
아침해가 그들을 품어주니
그의 품속에서 아침잠을 자네.
해는 참새로 하여 자장가를 부르게 하네.

지난밤 뇌성이 울어 잠을 못 이룬 나의 몸
아침해가 나의 이마를 만져주니
그의 품속으로 들어가 아침잠을 자네.
해는 뻐국새로 하여 자장가를 부르게 하네.

꿈속의 신랑

미루나무는 서서도 곤히 잠이 들고
꿈속에서 님을 만난 듯 잎새들을 흔드네.

앞집의 강아지 깊히 잠이 들었나
달이 그집 지붕위에 앉아 그의 숨소리를 듣고 있네.

잠을 못 이루고 몸을 뒤채는 나의 영육
기도를 하고 말씀을 읽으니
님은 잠을 주시고
꿈속에 신랑이 되어 만나주셨네.

십자경(十字經) 1

네 가슴속 화마를 내어 쫓으라
해에게서 성령의 불을 받아
너의 고난과 시련이 네 생의 새 피를 길어내어
네 영혼이 강가의 풀꽃으로 피어나게 하라.

네 몸속의 혈마를 내어 몰아내라.
달에게서 성령의 불을 받아
너의 고독과 슬픔이 네 생의 새 뼈를 만들어
네 영혼이 시냇가의 버드나무로 서게 하라.

십자성 2

세상 명예 버리고 하늘 우러러 성령님을 사모하라.
설레는 심장으로 님을 기다릴 때
그가 비둘기를 타고 네 피속으로 오시리라.

세상 복락 버리고 하늘 우러러 성령님을 애모하라.
설레는 가슴으로 님 기다릴 때
그가 구름을 타고 네 뼈속으로 오시리라.

성령이 오시어 네 눈안에 파란 시냇물을 채우시리라.

십자경 3

네 영혼을 깨워 님을 갈망하면
네 귀에서 신음은 사라지고
냇가의 풀잎 노래속 님의 음성 들으리라.

네 몸을 정결히 하여 님을 갈모하면
네 눈에서 눈물 사라지고
비온 후의 무지개꽃 님의 얼굴 보리라.

육을 버리면 성심을 얻으리라.

십자경 4

하나님을 경외함 미쁘고 미쁜 일
거룩한 사랑받아
산나무들처럼 번성하리라.

하늘 독생자 경외함 천하보다 귀한 일
위대한 희생애받아
바닷속 고기들처럼 번성하리라.

너의 중심이 님의 보좌가 되게 하라.

십자경 5

님의 가시관 고난중의 사람들 구원했으니
영원한 면류관되어 빛나네.

님의 손 못자국 상처입은 사람들 치유하니
영원히 보석되어 빛나네.

님의 허리에 박힌 창
애통하는 사람들 위로하니
구원의 지팡이 되어 빛나네.

네가 멘 십자가
네 가족과 너를 구원하리라.

십사성 6

님은 십자가로 원수와 벗이 되었고
님은 보혈로 죄인과 친구되었네.

상한 가슴들 십자가로 님의 아들 되었고
회개하는 사람들 님의 제자 되었네.

너의 고난, 애통이 님의 성소에 거하는 열쇠로다.

원수사랑, 피의 음성이다.

십자경 7

십자가에 묶인 어린 양
참혹하게 희생되었네.
그 보혈로 죄 씻긴 자
백합화보다 더 곱고
라이락꽃보다 더 향기롭다.

그 보혈로 허물 씻긴 자
사슴보다 더 순하고
병아리보다 더 사랑스럽다.

너의 속정 그의 피로 씻어
순복하는 사도가 되어라.

십자경 8

광림교회 수양관 뒷산의 외로운 석상
감람산 밤중에 기도하시던 님이네.
허물 많은 세상 볼 수만 없어
지상으로 다시 오시어 금식기도하시네.
땀이 피가 되도록 기도하시네.

당신을 판 유다보다도
당신을 배반한 베드로보다도
더 험많은 나의 영육
당신의 기도로 정결케 하시네.
당신의 피땀으로 소생케 하시네.

너의 기도는 땀이 피가 될 수 있는가?

십자경 9

산 속 기도원 외로이 서 있는 십자가
그 위에 내가 매달려있네.
성령이 오시어 내 머리위에 가시관 벗기니 채송화 피어나네.
나의 손에 못을 빼시니 손가락에서 찔레꽃 피네.
성령이 오시어 내 옆구리에 창을 뽑으니
혈관속에 시냇물 흐르고
귀에서 비둘기 날아오르네.

시련은 성령의 축복이다.

십자경 10

기도원 십자목아래 무릎을 꿇고
빈잔에 나의 눈물을 부어 바치니
님은 눈물을 비우시고 들국화꽃잎들을 채워주시네.

빈잔에 슬픔을 부어 바치니
님은 슬픔을 비우시고 도라지꽃잎들을 담아주시네.

네 마음의 잔속에 늘 감사함을 채워 님에게 바치라.
성령의 꽃잎이 가득 차리라.

십자경 11

산속의 수양관 십자가앞에 눈물로 기도를 했다.
님이여, 어찌 나를 버리시나이까.
님이여, 어찌 나를 버리시나이까.

성령님 조용히 빗줄기타고 내려와
나의 가슴에서 놀랜 아이를 데리고 나왔네.
그 아이의 멍든 눈에서 피를 빨아내시어 패랭이꽃을 심고
그 아이의 손에서 피를 받아내시어 봉선화꽃을 심으셨네.

네가 님에게 거하면 그도 너와 끝까지 거하리다.

십자경 12

수양관 뒷산 님은 고초를 당하시고 있네.
흰 두건을 쓴 사람들이 붉은 돌을 그에게 던지고 있네.
사람들이 조롱과 모욕을 던지고 있네.
그들의 야유와 저주가 화살처럼 그의 몸에 박히네.
갑자기 천둥이 울고 구름이 찢어진 후
성부 형상 보름달이 내려와 님을 품어주니
님의 몸 흘린피로 꽃밭을 만드시네.
님의 성령 눈물피로 화원을 만드시네.

세상이 너를 조롱하느냐
그 조롱을 사랑과 용서로 세상을 꽃밭 만들어라.

십자경 13

너에게 아픔을 준 사람
그에게 관용을 보여주어라.
용서, 너 자신을 사랑하는 묘약이다.
님이 너에게 선물하고픈 생명의 신약이다.

너에게 상처를 준 사람
그를 사랑하여라.
사랑, 너 자신을 살리는 양약이다.
님이 너에게 선물하고픈 구원의 생약이다.

십자경 14

네 마음이 아플 때 님은 어디 계신가
보이지 않는다 의심 하지 말아라.
너의 영안을 깨워 몸속의 님을 보아라.
그가 네 심장 안에서 피를 대고 계신다.

네 몸이 아플 때
님이 오지 않는다 불평을 하지 말아라.
너의 성심을 깨워 몸속의 그를 보아라.
그가 뼈속에서 생령을 불어 넣으신다.

십자경 15

너 외롭다 신음하지 말아라.
너 외로운 한 사람에게 사랑을 베풀 때
님이 너를 저 초원의 풀잎들과 벗이 되게 하리라.
저 산속의 나무들과 친구가 되게 하리라.

너 공허하다 절망하지 말아라.
너 집없는 노숙자에게 쉼터를 베풀 때
님이 너를 저 만개한 꽃밭으로 인도하리라.
저 과원 수만개의 열매들을 친구로 주시리라.

빈 배가 만선의 기쁨을 누린다.

십자경 16

너 궁핍하다 좌절하지 마라.
너 가진 것만으로도 감사할 때
너 가진 것 가난한 과부에게 줄 수 있다면
님이 너를 젖과 꿀 풍요한 낙원으로 인도하리라.

너 없는 것에도 감사를 할 때
님이 너의 영혼을 살찐 소로 만들리라.
열매 많은 과목으로 세워 주리라.

살구나무들이 태풍 은혜에 황금열매로 보답을 한다.

님은 가난한 심령 안에 성막을 지으신다.

십자경 17

하늘이 어둡다 불만하지 말아라.
네 가슴속 풀잎의 울음소리를 보듬어 달래면
보리라 검은 구름 속에서 태양의 미소를.
보리라 검은 안개 속에서 별의 눈빛을.

세상이 어둡다 회의하지 말아라.
네 몸 속의 나뭇잎새 울음소리 재우면
보리라 광풍 후 더 곧게 선 산나무를.
보리라 폭풍 후 더 잔잔한 바다를.

님은 어두운곳에 빛을 숨기고 계신다.

십자경 18

님의 목소리 들리지 않는다 의심치 말아라.
네 영의 귀를 열어 아침산 오를 때
산 위에 무릎을 꿇고 기도를 할 때
들으리라 네 몸속의 맑은 새소리를
그 새노래 속의 님의 음성을.

들으리라 네 몸 속의 맑은 물소리를.
그 물소리 속의 님의 음성을.

님은 선한 사람의 귀 속에 있다.

십자경 19

네가 멘 멍에가 무겁다 하지 마라.
저 키가 큰 밤나무의 열매들도
긴 어둔밤과 삭풍의 선물이다.

네가 멘 십자가 버겁다 하지마라.
저 호수의 맑은 얼굴도
질풍과 소낙비의 선물이다.

너의 평강은 님의 보혈의 선물이다.

십자경 20

너의 고통과 시련에 울지 말아라.
환난의 목표는 기쁨이고
상실의 목표는 수확이다.

님은 죽음으로 영생을 얻었고
희생으로 천하를 얻었다.

너 순풍의 항해를 원하는가
온전히 너를 비우고
온전히 낮아지고
온전히 내려 놓아라.

은혜는 빈 그릇을 찾는다.

축복의 열쇠

너 환난 속에 울지를 말아라.
님은 너보다 더 큰 고난을 당하셨다.

환난은 네게 무슨 사자같은 마귀가 왔음을 알리는 신호다.
그 마귀가 너의 믿음을 흩어서 바람에 날리는 것이다.
하여 네 영혼을 깨워 기도할 일이다.
너 자신만을 위한 기도가 아니다.
이웃의 아픈 사람 영혼을 위한 기도가 너를 살리는 기도다.

중보기도, 축복의 열쇠다.

승리의 무기

"조국이여, 안심하라, 내가 기도하고 있다"
가나안 농군 김용기 장로는 기도로 조국을 구하려했다.
그러나 기도는 마귀와의 전쟁이고
믿음은 사탄과의 전투다.
그에게도 사탄이 방해를 했다.
그러나 그는 피를 태우는 기도로 마귀를 물리쳤다.
오직 기도로만 아멜렉과 싸워 이스라엘을 구했던 모세처럼.

기도는 승리의 무기다.

심장이식

한 사도는 자신의 심장을 버리고
님의 심장을 이식하여
온유와 인애로 세상을 품으려 했다.
그러나 세상은 모략으로 창을 만들어 그의 가슴을 찌르고
권세로 칼을 만들어 발등을 찍었다.
그러나 그의 몸은 상했어도 영혼은 거듭나
그는 세상의 핍박이 님의 선물임을 알았다.
님은 그의 새 심장을 시험하고 단련하여
그가 더욱 험한 순례의 길 걷게 했던 것이다.

그러기에 강풍에도 저 풀잎은 노래를 하는 것이다.

고목의 교훈

높은 산 협곡의 한 우람한 고목
뇌우를 맞아 상체를 잃고
까맣게 탄 뭉툭한 하체만의 거구.
그러나, 그 죽은 몸에서 새 가지가 큰 자식처럼 뻗어나와
새 재목으로 우뚝 서 있다.

저를 죽여 새 생명을 얻었다.
저를 떠나 저를 만났다.

그 고목은 말씀하네:
"시련이 문제가 아니고 낙심이 문제다.
환난이 문제가 아니고 낙망이 문제다."

청둥오리의 군가

어미오리를 뒤 따르는 열한 마리의 어린 오리 새끼들
삐삐 비비 군가를 부르며 앞으로 행진한다.
물가의 큰 전나무 높은 가지 위에
독수리 한 마리 그들을 내려다 본다.
그 적군을 눈치챈 어미오리
큰 소리지르며 온 속도로 새끼들을 몰아 수초속에 숨겼다.

사람도 일심으로 주님의 뒤를 따라 찬송 행군할 때
적에게서 생명을 보존하리라.

님의 사랑법

바닷가 키 큰 포플라나무, 그 끝가지 위에
흰머리 독수리가 부리로 어린 새끼를 물었다가
물위로 떨어뜨려 나는 방법을 가르친다.
새끼는 무서워 소리 지르지만 어미는 냉정하게 반복한다.

님도 사랑하는 자 고통을 준다.

환난중에 찬송하고
고난중에 기도해야하리라.

고독의 복

눈을 들어 하늘을 바라보니
구름을 타고 새들이 뱃놀이를 하네.

귀를 열어 산나무에 귀를 대니
나무몸안에서 강물소리가 파랗네.

천지간 만물중에 나만이 번민하고 혼자이네.

천둥소리에 놀라 다시 하늘을 바라보니
구름속에 내가 새들과 노래를 하네.

귀를 다시 열어 내 손에 귀를 대니
핏줄속에서 강물소리 파랗네.

고독의 귀가 신의 음성을 듣네.

섭리 1

풀잎들이 목동과 양들의 발에 밟히며 금빛 노래를 하네.

풀잎들이 양들의 입안으로 들어가며 은빛노래를 하네.

사과알이 농부의 입안으로 들어가며 황금노래를 하네.

물고기들이 어부의 입안에서 은빛노래를 하네.

님이 십자가에서 피 흘리며 감사기도 하셨듯이.

섭리 2

어미닭이 매에게 새끼를 잃고 울다가 울다가 침묵기도를 하네.

나무가 눈발에 가지를 잃고 울다가 울다가 침묵기도를 하네.

풀벌레가 강풍에 짝을 잃고 울다가 울다가 침묵기도를 하네.

믿음은 고난중에 기도하는 것.

섭리 3

물오리 한쌍이 물위에서 서로 싸움을 하네.
서로의 머리깃을 쪼아 피를 내네.
천둥 번개 소낙비내린 후
한 오리가 날개를 접고 회개기도를 하니
다른 오리도 기도를 하네.

조용히 부리로 서로의 상처를 보듬으며
한몸 되어 사랑을 하네.

섭리 4

사나운 비 바람 맞을 때 풀잎은
비 바람에 모가지가 꺾인 다른 풀잎을 다독이네.

어두운 밤 광야에서 길잃은 양이
다리가 부러져 쓰러진 다른 양을 다독여주네.

고통 속의 한 과부가
더 큰 슬픔 속에 우는 젊은 과부를 다독여주네.

님은 남의 아픔을 앓는 사람의 가슴안에 계시네.

섭리 5

풀잎이 몸이 아닌 마음이 아플 때
님은 피묻은 심장을 보여주고
어른이 마음에 어린아이가 될 때
님은 어머니 가슴을 보여 주신다.

님은 마음이 배고플 때
말씀의 만나를 먹이시고
영혼이 추울 때
성령의 속옷을 입혀 주신다.

섭리 6

우리가 불이 될 때 님은 물이 되어 주시고
우리가 물이 될 때 님은 불이 되어 주신다.

우리가 구름이 될 때 님은 해의 살결로 덮으시고
우리가 목마를 때 시냇물소리로 젖게 하신다.

우리가 실족할 때 님은
우리의 발을 해의 신발에 신기시고

우리가 화를 당할 때
우리의 눈썹을 달에게 매어주신다.

섭리 7

사슴이 눈 한짝을 잃을 때
그의 실명한 눈으로
님의 가슴속의 피를 보게 하신다.

나무가 귀 한짝을 잃을 때
그의 잃은 귀로
님의 가슴속 기도소리를 듣게 하신다.

섭리 8

어부는 풍랑과 싸운 힘센 물고기를 더 좋아한다.

농부는 땡볕과 싸워 살찐 알곡을 더 좋아한다.

목수는 바위를 뚫고 선 나무를 더 좋아한다.

신은 시험을 이긴 강한 사람, 그의 새순같은 마음을 더 좋아하신다.

섭리 9

신은 어머니를 보내어 아이를 키운다.

어머니는 신에게서 아이를 입양하여 기른다.

아이는 자라서 어머니의 사랑이 곧 신의 사랑임을 믿는다.

섭리 10

기차역 앞마당 고무바지를 입고 누운 채 동량을 구걸하는 사람
그에게 한 아주머니가 동전을 적선한다.

전철안에 한 소경이 하모니카를 부르며 구걸을 하니
그에게 한 아저씨가 지전을 적선한다.

잎사귀가 따듯한 사람들이 있어 불우한 삶들이 생존을 한다.
그들을 통하여 신은 얼굴을 비추신다.

기도 1

폭풍에 흔들리는 대모산 기슭의 한 미루나무
저 칼날같은 바람의 손 잡아주사
저가 당신이 그의 생명임을 알게 하소서.

삭풍에 휘청거리는 구룡산 아래의 어린 싸리나무
저 쇠톱같은 바람의 이빨 덮어주사
저가 당신이 진리임을 알게 하소서.

깊고 검은 물속 허둥대는 애사슴
저 거친 물의 혀 봉해주사
그 어미사슴의 울음소릴 그치게 하시고
저들이 당신이 길임을 알게 하소서.

기도 2

검은 물결 광폭한 바람
돛단배 하나 풍랑 속에 허우적대네.
님이여, 저 악풍을 쫓으시어
놀랜 저 어린 배를 순풍으로 품으소서.

거친 비탈 바위 협곡
맹수를 만난 한 마리 산양 떨지도 못하고 굳어있네.
님이여, 저 야수를 쫓으시어
놀랜 저 어린양을 짙은 안개로 품으소서.

기도 3

양재천 풀밭 삭은 무릎의 갈대 하나
저의 흰 살을 찢어 마른 신음을 하늘로 보내네.
그의 쓰린 통음 다시 빗물에 실려 내려오고
등과 어깨 더욱 낮아지네.
이내 그는 울음 멈추고 기도를 하네.
그러나 그는 저 자신을 위해 기도를 하지 않네.
"님이여, 물이 불어 건너지 못하고 서있는 저 사람,
발만 구르고 서 있는 저 나보다 더 마른 사람,
그의 손을 잡아 물을 건너오게 하소서."

기도 4

잎새들 휴지처럼 날리는 황야에 서 있는 호두나무 한그루
그의 열매가 깨진 돌처럼 굳어있네.
님이여, 저 나무 "우편에 계시므로 요동치 아니하고"(시편 16)
푸른 시냇가로 옮겨 당신을 기쁘게 하고
사람들을 기쁘게 할 정금같은 열매 맺게 하소서.

당신은 건강한 자가 아닌 상한자에게 오심을 믿나이다.

기노 5

가시밭에 서서 발을 구르는 한 코스모스
"바람에 나는 겨"와 같이 꽃잎을 떨구고 있네.
님이여, 저 곤핍한 식물의 울음소리 들으사
찬 바람 잡아주시고
그가 님의 권능 소망하여 그 영혼의 입술이 찬양하게 하소서.
그가 당신 영광드릴 꽃을 피우고 씨를 맺게 하소서.
"주의 대적을 인하여 어린애와 젖먹이의 입으로 말미암아
권능을 세우심같이"(시편 8)

기도 6

님이여, "어느 때까지니이까, 나를 영영 잊으시나이까"(시편 13)
님의 말씀을 언제까지 안개속에 숨기시겠나이까.
폭풍과 검은 구름이 나의 목을 조르고
암흑과 눈발의 이빨이 내 가슴의 피를 삼킵니다.
곤구함이 원수가 되어 그의 무릎아래 내가 눌려 질식하려 합니다.
님이여, 어느 때까지 낙망의 장막 뒤에 인자한 얼굴을 감추십니까.
나의 뼈속에서 골수가 마른강바닥되어
허공에 애곡을 터뜨립니다.

그러나 믿습니다.
님은 언젠가 내 마른 눈에 새하늘 새이슬 부어주실 것을.

기도 7

님이여, 언제까지니이까.
나의 원수 세욕이 허무의 송이꽃을 따 먹을 때
나의 적군 속정이 무망의 싸리꽃을 꺾을 때
내 몸안 소경의 발을 시냇물의 발에 매실날이.

님이여, 바람이 가뭄과 공모를 하여
나의 영혼의 샘을 파 헤친다해도
내 손에서 못을 그냥 두지 마소서.
내 이마에서 가시관을 버려두지 마소서.

기도 8

님이여, 저기 저 아픈 양을 핍박하는 이리, 그가 올무를 씌우고
있나이다.
그 올무에서 양을 자유케 하시고 그 이리 또한 속량하시옵소서.

저기 저 약한 사슴에게 이빨을 찌르는 사자, 그가 사슴의 목을 조이고
있나이다.
그 사슴을 사자에게서 풀어 주시고 그 사자또한 속량하옵소서.

한 생명을 상하게 하는 자 그가 수치를 당하지 않게 하시고
그의 입술이 상한 자를 놓아주게 하소서.

핍박하는 자를 사랑하사 그가 회개하고 거듭나게 하소서.

기도 9

님이여, "자식은 기업이요 상급"(시편 127)이라 하셨으니
나에게 주신 피의 열매가 영혼이 강건하여
당신에게 순복하는 종이 되게 하시고
당신 성막의 파수꾼이 되게 하옵소서.

땀을 흘려 밭을 갈게 하시고
사철 풀을 뜯는 배부른 소가 되어
그 주인을 기쁘게 하게 하소서.

이 세상 잎사귀가 따듯한 나무들의 친구가 되게 하시고
그가 상한 갈대 하나라도 꺾지 않게 하옵소서.

기도 10

님이여, 언제니이까, 당신의 손길을 볼 수 있는 날 오심이.
간고 속 통곡하는 저 북녘, 유리하는 혈육들
그들의 멍에를 꺾어 주실 날 오심이.

언제이니이까, 질고속 애통하는 저 북녘의 골육들
그들의 주린 배에 풍요한 만나를 먹이실 날 오심이.

병고속 신음하는 저들
그들 환부에 안수의 자비를 주실 날 오심이 언제입니까.

저들의 나라엔 "처음 하늘과 처음 땅이 없어졌고
바다는 처음의 바다가 아닙니다."(요한계시록 21)

기도 11

님이여, 언제이니이까, 이 나라에 새 하늘과 새 땅을 주실 날 오심이.
이 강산 어두운 구름아래 "사자가 소처럼 짚을 먹지 아니하고"(이사야 65)
뱀이 어린 양들의 발을 노리고 있나이다.

님이여, 이 땅위에 당신의 관용이 충만할 날 오심이 언제이니이까.
산짐승들 "무례히 행하며 자기만의 유익을 구하고
있나이다."(고린도전서 13)

님이여, 이 어둡고 냉냉한 황야에서
다시 한번 "연한 순같고 가지"같이 일어나
새 바람과 새 햇빛의 거목으로 영존하소서.

기도 12

님이여, 감사하나이다.
일찍이 베어드박사를 보내어 이 땅에 최초로 숭실대학을 세우심,
백십여년이 지난 지금 높은 건물들 지붕위엔 흰구름이
성령의 기둥으로 있고
무지개색의 꽃밭 원형 분수는 승리의 깃발로 펄럭이옵니다.
진리와 봉사의 숭고한 당신의 꿈이 만개한 꽃처럼 빛이 나옵니다.

평화를 업고 비둘기들이 날아오르고
찬양의 노래를 까치새들 드높히옵니다.

숭실의 온 가족들 그 믿음이 관악산을 옮길만 하옵고
그들의 사랑이 한강물보다 더 충만하옵니다.

님이여, 숭실의 염광이 온 나라와 열방에 당신 영광을 비추게 하소서.

기도 13

님이여, 감사하나이다.
님은 이십오년전 부족한 이 사람을 독수리같이 등에 업고 와
이 숭실의 마당에 내려놓아 당신의 일 할 수 있도록 하셨사옵니다.
당신의 학생들에게 찬양의 시를 가르치고
말씀을 전하고 제자의 삶을 살게 하시었으니 그 은혜에 감읍하옵니다.

님이여, 용서하옵소서.
숭실의 가족들을 더욱 사랑하지 못하고
연구와 교육에 더욱 헌신하지 못했음을.

이제, 이 아름다운 에덴동산을 떠나도 긴 여생을 온전히 당신의 뜻에
순복하여
숭실 안의 님의 영광을 위해 일하게 하옵소서.

나무

봄
여름
가을
당신 창밖에 내가 한 그루 나무로 서서
기도를 할 때
님이여, 당신의 단 한번의 따듯한 눈길만으로도
나의 심장 안에 촛불을 켜는 것.
온 겨울 맨몸으로 눈을 맞아도
나의 영혼은 천일홍꽃으로 피어납니다.

아침
저녁
밤
당신 집밖에 내가 한잎 풀잎으로 서서
노래를 할 때
님이여, 당신의 단 한번의 따듯한 눈길만으로도
나의 가슴안에 등불을 밝히는 것.
온 밤 맨몸으로 서리를 맞아도
나의 영혼은 이슬꽃으로 피어납니다.

비

눈

삭풍이 내리는 날
당신 문앞에 내가 하인으로 서서
책을 읽을 때
그대여, 당신의 단 한번의 따듯한 손길만으로도
나의 눈에 별꽃을 심어 주는 것,

님을 위해선
온 생애 알몸으로 우는 겨울나무가 되어
나의 몸이 까맣게 탄 숯이 되어도 좋으리, 좋으리.

눈 호수 산*

나무들의 손을 잡고
땀흘려 오른 산 정상 밑에
수정처럼 맑은 호수
설화같은 조선의 누님모습
나의 몸의 땀을 씻어주었네.

고향의 누님 호수
나의 옷을 말리고
그녀의 물로 파랗게 물을 들이고
그녀 가슴에서 수초를 뜯어
내 가슴에 심어주었네.

고국의 어머니 호수
내 영혼의 옷을 벗겨
당신의 젖을 물리고
당신의 아이로 만드셨네.

우주의 누님 호수
그 속에서 내가 신생아로 다시 태어나
하늘을 찬미하는 새들의 날개 위에 업혔네.
내가 우주의 몸 안에서 아이가 되고
우주가 내 몸 안에서 아이가 되어 함께 노래를 했네.

나의 멜랑콜리가 산을 넘어 도망쳤네.
나의 영혼이 하늘에 찬송을 하였네.

* 눈 호수 산(Mt. Snow Lake) : 시애틀 동쪽에 위치한 그 속에 만년설산이 보이는 산 정상에 있는 호수.

레인니어 산*

우주의 험준한 비탈
거대한 하늘 천사가 내려와 앉아있다.
천지를 품은 큰 가슴으로
속정의 살은 다 태워버리고
맑은 영혼의 백골만 눈부신 풍산
그 찬란한 백광의 우주의 가슴에서
사탄과 항쟁하는 전사들이 태양눈빛을 쏘고
대양이 불파도로 포효한다.
그 칼날같은 불바다의 울음속에서
뿔사슴들이 거목들의 심장으로 돌진하고
흑곰들이 바위들에 머리를 박는다.

핵폭탄을 품은 그 거대한 불의 산 레인니어
파랗게 날이선 눈빛으로
이 시대의 어둠을 불사르고있다.

이 시대의 캐오스(Caos)를 불사르고있다.
이 시대의 바벨탑을 폭파하고 있다.

* 시애틀 타코마시의 남쪽에 있는 만년설 산.

머킬테오 해안의 저녁노을*

머킬테오 비치에 나의 두 발이 매일 산책을 나간다.
산책을 하는 나의 발이 산책나온 파도와 정담을 나눈다.
나의 우울이 바다의 우울과 손을 잡고
죽음보다 더 아픈 영혼의 겉옷을 벗어
붉게 울며 가는 태양의 몸에 입혀
나의 운명을 우주의 허공으로 날려보내고자 한다.

신은 참을 수없는 고통은 주지않는다 했는데...
시련은 축복이라 했는데...

함부로 저 불꽃처럼 울어대는 바다의 영혼을 아름답다 하지마라.
함부로 저 울며가는 태양의 붉몸을 곱다하지마라.

바다도 태양도 삶이 아퍼
몸과 영혼을 불로 사루어
그 슬픔의 재로 경건한 기도의 시를 쓰는 것 아닌가?

나의 발은 어제처럼 오늘도 바다의 발과 함께
서로의 슬픈 영혼의 피를 섞어 불꽃의 시를 운다.

* 시애틀 북쪽의 머킬테오시의 해변.

몸시

나무들이 그 잎사귀들로 하여
사람들의 슬픔, 아픈 마음을 닦아주듯이
세상의 검은 물, 검은 공기, 어두운 인심을 닦아주듯이
나의 시, 그 언어들로 하여
사람들의 절망, 아픔, 외로움,
그들 가슴속의 검은 피를 닦아줄 수 있다면,

나의 시.
그 젖은 몸으로 한 사람이라도
그의 눈물을 닦아주어야 하리.
그의 비애를 닦아주어야 하리.
그의 놀란 피를 빨아주어야 하리.

한 영혼이라도 나의 시를 먹고
신생아로 거듭 태어나야 하리.
그의 눈 속에서 풀잎의 새싹이 걸어 나와야 하리.
아니, 나 자신만이라도
나의 시로 하여
어린아이로 다시 돌아와야 하리.
어린 파랑새의 친구가 되어야 하리.

바다 독수리

서풍은 불의 천사,
화살같은 머리로 바다의 심장을 폭파하고
시퍼런 이빨로 바다의 온 몸을 물어뜯으니
바다는 불피를 쏟으며 지구를 흔드는 소리로 운다.
바다도 온 몸에 가시를 돋우어
바람의 앞가슴을 찌르고 목을 비틀며 혈투를 벌인다.
서풍과 바다의 포연이 자욱한 싸움터, 검푸른 피가 출렁거리고
불길에 탄 살냄새가 코를 찌른다.

마침내 쉐골뼈가 부러진 바람이 피를 다 쏟고
가시뿐인 바다의 등위로 시체처럼 누울 때
순간 한 마리 바다독수리, 그 불피의 전장을 박차고 올라
하늘의 먹구름을 찢으니
어린양을 품에 안은 태양이 걸어 내려온다.

태양의 품에 안긴 바다는 이전보다 더 잔잔하며
보석밭처럼 빛난다.

원수였던 서풍은 바다의 하늘로 가는 통로였다.
바람과 바다의 사투는 사랑의 싸움이었다.

베이커 산*

팔월의 불볕아래 두터운 눈옷을 입고
시대의 구도자처럼 서 있는 베이커 산
사람들의 신음 신음만큼 골 깊은 신음으로
신을 향해 기도하고있다.
가파른 비탈같은 그의 주름살 속
산물이 인디언 핏물만큼 깊어
흑곰 우는 소리로 지구를 흔들고있다.

나무들 나무들
이민자들의 긴 모가지를 빼고
고향쪽에서 오는 해의 발목을 부여잡고
고향을 다녀오는 보름달의 손을 잡고있다.

나무들 나무들, 하늘의 당신을 만난듯,
기도의 응답을 받은 듯,
땅속의 눈물을 머리까지 끌어올려
산꽃으로 피워 당신에게 헌화하고
새들을 시켜 찬양을 부르고있다.

팔월의 불볕아래 두꺼운 눈옷을 입고
시대의 구도자 베이커 산
침묵의 신을 향해 핏방울 떨구며
인간들의 신음을 산물소리로 걸러내어
묵묵히 기도를 한다.

*시애틀 북쪽의 만년설 산.

부활

삼월의 연구실 창밖
목련나무에 나의 시가 꽃피었네.

나의 몸에 목련의 시가 꽃피었네.

참을 수 없도록
참을 길 없도록
삭풍이 내 몸에 매를 때릴 때
운명이 내 가슴에 매를 때릴 때
그 때를 기다려
시의 정령이
보름달을 열고 내려와
나의 상처들 속에 당신의 말씀을 뿌리었네.

내 마른 몸에 꽃으로 피어난 달빛 상처들
송이마다 시의 피, 황홀한 불보라로 타오르네.
송이마다 시의 뼈, 찬란한 불티로 타오르네.

사철이 혹한인 황무한 이 시대
나의 골수에서 올라와 피어난 저 찬양의 시편들,

얼마나 설레이는 내 기도의 혼불인가.
얼마나 눈물겨운 내 생령의 부활인가.

사이 산(Mt. Si)*

칠부능선부터는 돌들로 몸을 한 산
돌, 돌, 돌,
돌속에 고구려의 흰 구름이 꽃피어있고
신라의 화랑들이 지나간 길이 있다.
돌속에 풀을 뜯는 버팔로떼가 그려저있고
인디언들이 백마를 타고 달린다.
돌속에 첫 이민자들의 손과 발, 그 굳은살이 박혀있고
전사한 남편을 그리며 떨군 인디언 여인들의 눈물자욱이 패여있다.
돌속에 철로를 깔던 중국노동자들의 노동가가 들리고
그들의 향수를 토하던 목메인 기적소리가 젖어있다.
돌속에 한 사슴 가족사진이 찍혀있고
조선인의 결혼사진도 빛바래어 아득하다.

수만개의 돌들로 육중한 성자 모습의 사이 산
그 영혼은 무지개색 산꽃으로 피어
물끼 진득한 이민역사의 눈길을 품어주고 있다.

이스라엘의 님처럼
만인의 희로애락을 품어주고 있다.

* 시애틀 동쪽에 위치한 만년설 산.

숲

싸리나무가 밤새 비를 맞으며
빗줄기에 기도소리를 실어 하늘로 보내더니
아침, 감기를 앓던 도라지가 보랏빛 치아의 꽃을 웃네.

도라지가 온 밤 어둠 속에서
별빛에 기도소리를 실어 하늘로 보내더니
이명을 앓던 싸리나무 분홍빛 치아의 꽃을 웃네.

가난한 다람쥐부부가 긴 긴 밤 적막속에
달빛에 기도소리를 실어 하늘로 보내더니
아침에 새 아기를 낳고 도토리를 줍네.

산물이 밤새 기도를 하더니 까치의 아침노래가 더 맑고
서쪽새 간절히 울더니 오리나무 아침노래가 더 푸르다.

산정에 올라 새벽기도를 하고 내려오는 젊은 사람
그의 눈길속에서 이슬꽃 웃네.

밤새 잠을 못 이루고
산비탈에 올라 휘청거리는 나의 몸,
떡갈나무에게 업혀 산등에 올라 태양앞에 무릎을 꿇으니
순간, 어깨에서 날개가 돋아 하늘로 날아 올랐네.

하늘로 비상하였네
한 마리 흰머리독수리가 되어.

시애틀의 글 꽃밭*

태평양을 건너와 시애틀에 뿌리를 내린 조선의 꽃씨들,
뜨거운 가슴을 모국어로 입혀
동포의 향수를 달래주며 맑게 피어난 봉숭아 글꽃,
약한 자들을 따듯하게 품어주고 수줍게 웃는 채송화 글꽃,
아픈 자들을 위해 기도하며 곱게 피어난 달맞이 글꽃,
온유와 겸손의 손길을 펴는 무궁화 글꽃,
자애와 선덕을 베푸는 목련화 글꽃,
시련 역경과 싸우는 동포들, 그들의 심장에 귀를 대고
그들 신음에 귀를 열어
사랑의 손으로 글꽃을 피워낸 시애틀 꽃나무 가족.
이 낯설고 냉랭한 이국의 땅에
조선의 찬란한 글꽃밭을 창조하였나니
온갖 새들 높이 높이 하늘에 찬양을 하네.
온갖 벌 나비들 훨훨 춤을 추네.

그 황홀한 꽃글 향기에
지구를 취하게 하네.
우주를 취하게 하네.

* 미국 시애틀문학지 제 2집 출간 기념 축시(2009).

시애틀의 별

사람들이 잠을 잘 못 이루는 시애틀의 밤,
나는 시애틀에 오면 꿀맛 같은 잠을 자네.
이 이국의 청포도밭같은 밤하늘에
온 밤 나의 병을 간호하는 별,
나의 병을 대신 앓아주는 별,
꿈속에 기도해주는 클로버꽃별,
한 천사같은 별이 있기 때문이네.

나의 시에서 눈물을 닦아주는 별,
그 눈물을 받아 약을 달여 주는 별,
내 귓속으로 들어와 속삭이는 별,
한 천사같은 기도해주는 별이 있기 때문이네.

나는 시애틀에 오면
잠을 못 이루네.
그 별에게 나를 맡기고
님의 성소를 향해 밤새 순례의 길 떠나기에.

시애틀의 보름달

어머니,
어머니,
어머니,

하늘에 가서도 잠을 이루지못하는 어머니,
이국에 와서도 자식만 바라보시는 어머니,
하늘에 가서도 기도만 하시는 어머니,

당신의 눈엔 눈물이 강물되어 출렁입니다.

당신의 얼굴엔 수심이 파도되어 출렁입니다.

시애틀의 시내산 성전*

하나님이 이스라엘 민족을 애굽땅에서 구출하여 독수리날개로 업어
인도하신 시내산,
그 성산이 시애틀 바슬시에 옮겨와 조선 동포들을 품어주고 있도다.
이 평지의 성지에 하나님의 나라가 실현되는 예수공동체,
열방이 하나되는 꿈이 실현되고 있는 동포의 성전이 우뚝 서서
염광을 비추고 있도다.

목자는 모세처럼 어미독수리가 아이독수리 키우듯 양들을
제사장으로 키우며
님의 말씀을 열방에 선교하는 사도들로 삼아
21세기의 세상을 새 하늘과 새 땅으로 보내고 있도다.

하나님의 꿈이 있는 성소, 북한 동포들을 구제하고
하나님의 꿈이 꽃피는 성막, 세계 빈민들을 구제하니
온 누리에 그 불꽃 성화가 충만하게 타오르고 있도다.

* 시애틀 바슬시에 있는 교포성도 4000명이 예배하는 형제교회(담임목사: 권준)

시의 여정

사철이 어둡고 황량한 이 시대
오늘도 어제처럼 세상 밖으로 쫓겨나
발을 구르는 나의 마른 그림자
키큰 늙은 미루나무
장맛비에 무릎이 휘고 허리가 휠 때
순간, 불붙은 날개로 달려드는 광기의 태풍은
지구바퀴를 세차게 굴리고 굴려
나무도 나의 몸도 우주의 한 블랙홀 속으로 몰아갔다.

휴지처럼 쓸려가는 지구, 그 등위로
나의 전체를 들어 올렸다 내려놓고
불손으로 북을 치며 그 광신은
내 정신의 흰 뼈만을 추리고 추렸다.

날선 바위섬에 나의 몸을 끌어안고
온전히 부서질 때 그 바람은
내 가슴에서 못을 뺐고
못이 빠져나간 가슴 속 원고지 칸마다
그의 뜨 눈한 피의 말씀
그의 불붙은 뼈의 말씀을 채웠다.

그 숨 가쁜 소용돌이 속
천궁의 연옥을 다녀온 나의 생
여전히 죄가 안개비 자욱한 이 겨울나라에 다시 와
마른 가지처럼 흔들리는 내 손가락 끝에

살며시 벙그는 한 송이 백합꽃 시,
하늘의 님앞에 수줍다.

십자목*

그의 눈길과 마주칠 때면
그의 눈동자에서 보랏빛 잎새가 새소리로 운다.
내 몸의 잎사귀들도 보랏빛 새소리로 운다.
그의 피가 내 음악의 식량이 되었다.
그의 눈동자 속을 흐르는 강물이 흰 돛배를 띄우고
나의 슬픔을 태워 하늘로 올라감을 본다.
하늘로 올라가 태양의 얼굴에서 당신의 미소를 본 순간
세상은 장맛비가 내리기 시작하고
도시마다 포탄들이 아우성쳤다.

그의 눈길과 마주칠 때면
깨진 나의 무릎에서 찔레꽃이 피어나고
쓰러진 나의 등뼈에서 다시 몸을 일으켜
산을 오르는 한 보랏빛 그림자를 본다.

* 숭실대학교 연구동 우측 산책로 입구에 서 있는 십자가 상. 필자는 25년간 이 십자가 앞에서 기도를 드렸다.

에스파냐의 구름새

늘 집을 나와 떠도는 자
그는 구름이 날개였다.

집을 찾기 위해 집을 떠난 보헤미안
몸은 늘 세상바깥으로 불려나갔고
발부르튼 제 혼을 서풍의 등에 업혀
천만길 순례을 했다.

불붙은 초원, 그 위를 달리는 페가서스 백마처럼
이국의 허공에 저의 젊음을 방목하던
푸른 구름새, 그의 날개는
쓰러져 쓰러져 다시 높이 비상하던 돈키호테
그의 구도의 발자국을 밟아갔다.

찬란한 핏빛 칼을 휘두르며
가 없는 시의 나라를 찾아 날던 그 바람새
에스파냐의 풍차 그 가슴팍으로 돌진
하여 산산이 찢어진 그의 깃털
불피를 쏟으며 온전히 무너져 무릎을 꿇을 때

신은
어머니의 나라 한그루 백합꽃구름을 불러와
그 꽃잎이 그의 새 영혼의 지붕이 되게 했다.

그 시든 꽃잎이 그의 새 음유시의 창문이 되게 했다.

천궁의 왕이
그의 시에게 태양의 날개를 빌려주었다.

평화의 호수(Lake Serene on the Mt. Index)*

설화 만발한 산
그 기암 절벽아래
비취색 비단으로 옷을 입은 호수
우주의 어머니이네.
그 맑은 물속에 만물이 신생아같네.
나무들이 갓 혼례한 신혼부부같고
잎사귀들이 물고기같네.
내 이마의 주름살을 열고 나온 새들이
물속으로 들어가 찬양노래를 하고
내 가슴을 열고 나온 기러기가
물속으로 들어가 춤을 추네.
내 귓속에서 풀벌레떼가 물속으로 들어가
수초를 흔들며 흐느끼다 노래를 하네.

내 몸안의 모든 돌들이 물안으로 들어 가
님을 찬미하는 무지개색의 물꽃으로 피어나네.

* 워싱톤주 케스케이드산맥의 한 만년설 산.

하버 포인트의 비*

하버 포인트에 비가 내리면
지구가 신생아로 태어나네.

풀잎의 눈물이 하늘을 순례하고 비에 업혀 내려와
애기풀꽃으로 피어나네.
나무의 눈물도 하늘을 다녀와
애기사과꽃으로 피어나네.
숲속의 다람쥐들이 별나라에 신혼여행을 갔다 와 아이를 낳고
물속의 젊은 고기들도 비 여행을 하고 와
보랏빛 애기 바다를 낳네.

빗방울 속에서 나비와 풀꽃의 동요소리가 파랗고
달과 사과 꽃들의 속삭임 분홍빛이네.
빗방울 속에서 갈매기와 해당화 꽃이 동시를 읽고
제비들과 잠자리들이 수중 발레 춤을 추네.

* 하버 포인트 : 시애틀 머킬테오 해안의 한 동네.

허리케인릿지*

사철이 겨울인 21세기
도시마다 삭풍이 불고
내 몸안에서도 눈보라만 치더니
이 높은 올림픽산 정상에 와
나, 한그루 우람한 전나무로 서있다.

사철이 흑구름속같은 세상
도시마다 천둥 번개가 울고
내 가슴에서도 소낙비만 내리더니
이국의 높은 산 정상에 와
나, 한마리 화관높은 사슴이 되어있다.

사철이 검은 안개의 시대
빌딩들 벼락을 맞고
내 뼈속에서도 불파도만 치더니
이 낯선 나라 눈산위에 올라와
나, 흰머리 독수리가 되어있다.

오래전 세상을 가출했던 내가
동포같은 나무들과 새 조국을 건설하고 있다.
형제같은 산짐승들과 새 에덴동산을 축조하고
가족같은 산새들과 새둥지를 짓고 있다.

* 워싱톤주 시애틀의 서쪽에 위치한 올림픽반도의 만년설 산.

호랑이 산*

골고다 언덕처럼 가파른 산길
나무들이 십자가를 지고 오르는 성자들같다.
녹슨 강철같은 나무들
저들 몸에 칠할이 상처뿐이다.
그 깊은 상처속에서 폭풍이 불고
표범들의 울음소리 천공을 찢는다.

나무도 사람같아서 비탈에서 더 강하다.
이 황량한 세상을 구출하려는듯
검은 구름들을 떠 받들고 있는 그 곧은 몸
구도자의 눈빛처럼 퍼렇게 날이 서있다.

나무도 사람같아서 상처깊은 자가 침묵이 깊다.
산 정상의 바위에 뿌리를 박고 선 소나무들
천년 비바람과 싸운 굳은 살 속에서 피의 강물이 침묵으로 운다.

가랑비만 내려도 흔들리는 나의 영육
세상을 업고 하늘을 오르는 그 성자들 앞에서
두 무릎을 꿇는다.

* 호랑이산(Tiger Mt.) : 시애틀 동쪽에 있는 산.

휘트먼의 모자시

미국의 시선(詩仙) 월트 휘트먼*은 평생을
중절모를 쓰고 비스듬히 살았다.
독신으로 산 그에게 모자는 친구요 자신이었다.
남북 전쟁 시 남성간호부였던 그 이,
모자는 부상병을 싸매주는 붕대였고
죽어가는 병사의 베게였다.
산책할 때 모자는 호두나무 숲이었고
풀꽃은 그의 모자 시였다.
바닷가에서 시를 주울 때 모자는 조개껍질이었고
그의 밤을 함께 울며 지새우던 부엉새였다.
서른일곱에 중풍을 맞은 그에게 모자는 그의 간호사 애인**,
링컨의 민주주의는 라일락꽃 모자시집이었다.

나도 휘트먼을 따라 언제 부턴가 모자가
나의 몸이 되었다.
모자는 나를 데리고 순례길을 떠나고
가다가 사원에서 기도를 한다.
모자는 내가 아플 때 책을 읽고
좋은 글로 약을 다려준다.

내 귀안에서 풀벌레들 울 때 기적소리와
시냇물 소리를 데려와 달래준다.
창밖에 비가 내릴 때 나는 차를 마시고
모자가 시를 쓴다.
모자가 시인이 되어 찬송시를 쓴다.
나의 모자는 신이 선물한 시의 화관이다.

* 월트 휘트먼(Walt Whitman): 미국의 19세기 초절주의 시인.
** 휘트먼을 사모하여 영국에서 와 휘트먼을 간호해준 길 크라이스트(Gil Christ).

순복(順僕)

님이여, 십자가에 대속하사 나를 구원했으니
내 영혼 주 영광의 순복되게 하소서.

님이여, 십자가에 나의 멍에 풀어 주셨으니
내 골육 주 영존위해 순복되게 하소서.

님이여, 십자가에 나의 생명 자유케 했으니
내 피땀 주 사랑의 순복되게 하소서.

님이여, 성령 권능 내게 베푸사
이 세상 끝까지 주의 복음 전하는 순복되게 하소서.

당신은 아시나이다

자비로운 아버지,
오늘도 밤을 새워 당신 말씀 전하는 한 사람
당신은 아시나이다.

오늘도 밤을 새워 당신 복음 전도하는 자
당신은 아시나이다.

그가 님을 사랑함을 아시나이다.
그가 님을 경외함을 아시나이다.

님이여, 그의 강건, 학문, 선교와 앞날 위에 복을 더하소서.

순복(順僕)

초판 1쇄 인쇄 2010년 9월 1일
초판 1쇄 발행 2010년 9월 7일

시은이 김 영 효

펴낸이 김 대 근

펴낸곳 숭실대학교 출판부
서울 동작구 상도동 511

등록 제14-2호(1982.1.25)
TEL.02-820-0771~2
FAX.02-817-5297
http://press.ssu.ac.kr

찍은곳 한컴인쇄정보
TEL.02-2274-3394~5
FAX.02-2274-3397

값 9,000원

ISBN 978-89-7450-253-9 03230